BAR E RESTAURANTE

DONA FELICIDADE

RECEITAS

história e curiosidades

ORGANIZAÇÃO
Toninho Mendes
com o **TEMPERO**
Felicidade Basto
Toninho Basto
e Sérgio Bastos

LIVRO 1

DONA FELICIDADE

Toninho Bastos e Sérgio Bastos
Rua Tito, 21, Vila Romana, São Paulo, SP.
CEP 05051-000
Telefone: 11 3864 3866
www.donafelicidade.com.br

Produção editorial
Peixe Grande

Edição e design
Toninho Mendes
Redação
Yolanda Brandão
Editoração
Regina de Andrade
Revisão
Luciana Lima
Transcrição das receitas
Iraci Nascimento
Tratamento de imagem
Nicolás Monasterio
Assistente de redação
Júlio Moredo
Fotos e imagens
Arquivo Dona Felicidade

PEIXE GRANDE

Editora Peixe Grande
Rua Professor João Machado, 316
Freguesia do Ó, São Paulo, SP.
CEP 02927-000
11 3832 8851
email: amendes54@yahoo.com.br

Distribuição em livrarias
Catavento Distribuidora de Livros
11 3289 0811
compras@catavento.com.br

Apresentação

Desde sua inauguração em 1996, algumas dezenas – ou até mesmo centenas – de vezes, nossos clientes solicitaram as receitas que fazem ou fizeram parte de nosso cardápio. Algumas já foram publicadas em revistas, jornais e também apresentadas em programas de televisão.

Outra circunstância que se repete com frequência são as perguntas sobre a história da casa: suas origens, o porquê do nome, quem é Dona Felicidade, e assim por diante.

Existe também uma interrogação constante sobre os nomes curiosos e os "segredos" de nossos aperitivos, entradas, refeições e sobremesas.

Com o lançamento desta coleção de livros, além das receitas – algumas com passo a passo, em função de sua complexidade – respondemos a essas perguntas e contamos um pouco de nossa história.

Neste primeiro volume, contamos sobre a origem do restaurante; apresentamos a receita do Bacalhau ao forno, do Espaguete à parisiense e da sobremesa Manezinho Araújo, entre outras.

Dona Felicidade
Toninho Bastos
Sérgio Bastos

Dona Felicidade consta dos mais importantes
guias de restaurantes da cidade
Veja São Paulo ◆ Gula ◆ Guia da Folha ◆ Guia Quatro Rodas

4

*A fachada do restaurante da rua Tito, 21.
Nas paredes internas, algumas das premiações e matérias sobre a casa.
À esquerda, vista parcial do salão; à direita, o altar de devoção a São Judas Tadeu – o santo da casa – que acompanha a família desde seu primeiro empreendimento.*

No balcão central e nas prateleiras, as garrafas de uísque, saquê, vodka, rom, pinga e vinho. À esquerda, no correr da tarde; à direita, ao anoitecer, a varanda que fica no terraço do restaurante.

8 *Acima, Seu Manuel na década de 1950, em bar no centro de São Paulo; abaixo com o cunhado Manuel Costa no Cascatinha, no Parque Dom Pedro.*

60 Anos de balcão

Quando o português Manuel Bastos comprou a mercearia da esquina da avenida Pompeia com a rua Padre Agostinho Mendicute em 1970, ele já era do ramo. Nos anos anteriores, teve outros estabelecimentos em bairros como Brás e Itaim, e também no centro da cidade. A família Bastos residia no primeiro andar do pequeno prédio da mercearia, que também servia bebidas e refrigerantes no balcão.

Nos dias de maior movimento, sua esposa, Dona Felicidade, descia com o almoço para o marido. E logo mais os clientes começaram a perguntar ao Seu Manuel, meio que na brincadeira, se não era possível fazer um "pratinho" para eles também. Assim, na década de 1970, a mercearia se transformou em lanchonete. Dona Felicidade assumiu a cozinha, e dois dos cinco filhos do casal pegaram gosto pelo ofício.

Em função da necessidade de mudança de razão social na década de 1980, o comércio se transformou no hoje histórico Pé Pra Fora. O nome adotado pelos proprietários nasceu do apelido dado pelos clientes, uma vez que o espaço interno havia ficado pequeno, de modo que muitos frequentadores ficavam na calçada.

Com o falecimento de Manuel Bastos em maio de 1989, Dona Felicidade e os filhos ampliaram o Pé Pra Fora, que acabou sendo vendido em 1996.

Dando continuidade ao legado de Seu Manuel, Dona Felicidade e os filhos Toninho Bastos e Serginho Bastos abriram o Bar e Restaurante Dona Felicidade na Vila Romana, em 1996.

O legado de Seu Manuel cresceu e permanece.

índice

REFEIÇÕES

PETISCOS

SOBREMESAS

O drinque com as frutas antes de socadas e depois de pronto. O importante, além do sabor, é a aparência colorida e tropical.

12

Resto de Pia

INGREDIENTES

- ◆ 2 morangos
- ◆ 1/2 fatia de abacaxi
- ◆ 1/2 kiwi
- ◆ 4 uvas
- ◆ 1/2 carambola
- ◆ 2 colheres (sobremesa) de açúcar
- ◆ Gelo picado
- ◆ Cachaça ou vodca

MODO DE PREPARAR

1. Num copo de 300 ml, soque muito bem e suavemente as frutas.

2. Adicione o açúcar e depois o gelo picado.

3. Adicione cachaça ou vodca a gosto.

4. Mexa bem antes de servir.

O nome da bebida foi dado pelos clientes e vem da semelhança com o bagaço das frutas e os resíduos que ficam nos ralos da pia.

OBS.: esse tipo de drinque pode ser feito com outras frutas. Por exemplo: na falta do kiwi, pode-se usar amora, framboesa etc.

Franco da Rocha

Toninho Bastos inventou a história de que, no período em que esteve internado no hospital psiquiátrico de Franco da Rocha, participou de um concurso de coquetelaria e conquistou o terceiro lugar com esta receita.

INGREDIENTES

- ♦ 1/2 limão-taiti
- ♦ 4 colheres (sobremesa) de polpa de maracujá com as sementes
- ♦ 2 colheres (sobremesa) de açúcar
- ♦ Gelo em pedra e picado
- ♦ Cachaça ou vodka

MODO DE PREPARAR

1. Em uma coqueteleira, coloque a polpa do maracujá e o açúcar e bata bem.

2. Coe, acrescente o gelo picado e reserve.

3. Num copo à parte, coloque três pedras de gelo e esprema o limão.

4. Misture a batida de maracujá com o caldo do limão gelado na coqueteleira e acrescente a cachaça ou a vokca.

5. Bata bem antes de servir.

13

Caipirinha tradicional

INGREDIENTES

- ♦ 1 limão-taiti
- ♦ 2 colheres (sobremesa) de açúcar
- ♦ Gelo picado
- ♦ Cachaça

MODO DE PREPARAR

1. Corte as pontas do limão.

2. Corte o limão ao meio.

3. Faça um corte em V e retire a parte central do limão, pois ela dá à caipirinha um sabor amargo.

4. Corte o limão em fatias finas.

5. Em um copo de 300 ml, misture o limão e o açúcar utilizando um socador, sem esmagar a fruta.

6. Acrescente a cachaça e, por último, o gelo picado.

Drinque de gin e morango gratinado com maçarico

INGREDIENTES

- ♦ 4 morangos
- ♦ 2 doses de gim
- ♦ 2 colheres (sobremesa) de açúcar
- ♦ Gelo picado
- ♦ 1 clara de ovo

MODO DE PREPARAR

1. Corte os morangos em cubos.
2. Adicione o açúcar.
3. Soque bem o morango com o açúcar.
4. Acrescente o gelo picado.
5. Adicione o gim.
6. Coloque a clara batida sobre o drinque e gratine com o maçarico.

15

Berinjela temperada

Receita para duas pessoas

INGREDIENTES

◆ 1 berinjela
◆ Sal a gosto
◆ 1 xícara de óleo para fritar
◆ 1/4 de xícara de azeite
◆ 2 dentes de alho
◆ Salsinha a gosto
◆ Folha de louro a gosto
◆ Pimenta-do-reino a gosto

MODO DE PREPARAR
A BERINJELA

1. Corte a berinjela em fatias.
2. Lave com água e acrescente o sal.
3. Frite a berinjela no óleo em temperatura média, até dourar.

MODO DE PREPARAR
O MOLHO

Derrame as quatro colheres de azeite num recipiente, acrescente o alho cortado em rodelas finas, a salsinha picada, a folha de louro inteira e a pimenta-do-reino a gosto.

MONTAGEM DA RECEITA

Num recipiente, monte a receita em camadas, intercalando as fatias de berinjela com o molho.

Costelinha de porco na brasa

Receita para duas pessoas

INGREDIENTES

- ♦ 600 g de costelinha de porco
- ♦ 1 xícara de cerveja
- ♦ 4 dentes de alho picado
- ♦ 2 colheres (sopa) de sal grosso

MODO DE PREPARAR

Tempere as costelas com a cerveja e o alho e reserve por 30 minutos.

Salgue apenas na hora de assar, espalhando o sal pela carne.

MODO DE ASSAR

Deixe o fogo em brasa, mantendo as costelas a uma distância de 30 cm. Asse por aproximadamente 60 minutos. Retire o excesso de sal grosso de cima da carne antes de servir.

Bob almôndega

Receita para duas pessoas

O nome é uma homenagem a um cliente antigo e amigo da casa: o Bob

INGREDIENTES

- ◆ 1 kg de carne moída (patinho)
- ◆ 2 pães amanhecidos
- ◆ 2 gemas de ovo
- ◆ 1/2 cebola picada
- ◆ 2 colheres (sopa) de queijo parmesão ralado
- ◆ 2 colheres (sopa) de salsinha
- ◆ Sal a gosto
- ◆ 1/2 kg de farinha de rosca

Servir com mostarda amarela e marron

MODO DE PREPARAR

1. Umedeça os pães na água fria.

2. Retire a água dos pães e faça uma massa.

3. Misture bem a carne com os pães.

4. Acrescente as duas gemas.

5. Acrescente a cebola, o queijo parmesão, a salsinha e o sal.

6. Amasse e misture bem, depois faça os bolinhos.

7. Passe na farinha de rosca. Frite no óleo com temperatura média por aproximadamente 10 min.

Com esta frase:

Vamos des

Dona Felicidade transformou o destino da família Bastos

FOTO: OSVALDO DALÉSSIO

Em que ano e em que região de Portugal a senhora nasceu?

Dona Felicidade: Eu nasci em 3 de outubro de 1925, em Cunha da Beira Alta, centro-norte de Portugal. [Sérgio Bastos explica que fica na vila de Sernancelhe.]

Quando a senhora começou a lidar com culinária, cozinha, panela, fogo, alimento, comida?

Dona Felicidade: [pensativa e após longo intervalo] Na infância, desde jovem assim, já fazia algumas coisinhas. Mas, sabe, desses tempos eu não gosto nem de lembrar... Cozinhar pra valer mesmo é desde que eu casei, tinha que dar de comer aos filhos.

Quando a senhora chegou ao Brasil?

Dona Felicidade: Em 1935, com meus pais e minhas irmãs Idalina e Lurdes. Viemos para São Paulo morar com a minha irmã mais velha, Laurinda, que já estava no Brasil há alguns anos.

Quando a senhora conheceu aquele que seria seu futuro marido? Em que momento a figura do Seu Manuel aparece na sua história?

Dona Felicidade: Eu devia ter meus 16, 17 anos.

cer o fogão

Ele era mais velho que a senhora?

Dona Felicidade: Sim, ele era 5 anos mais velho do que eu.

Como a senhora o conheceu?

Dona Felicidade: Eu conheci meu marido na casa de um amigo do meu pai, no dia em que fui à Vila Mariana levar o convite da festa de casamento de minha irmã. Ele, o Manuel, estava lá por acaso, e eu pedi para minha prima não se esquecer de convidá-lo também. E foi lá no casamento que nos conhecemos e começamos a enrolar [risos]. Ele trabalhava com carroça, vendendo pão de casa em casa na Vila Mariana. Ele tinha uma boa freguesia: de manhã passava com uma fornada; de tarde, com outra. Meu pai já o conhecia. Nessa época eu trabalhava na casa da família Pereira Inácio, dona da Votorantin. Cuidava das coisas da patroa, era governanta, fazia faxina. Meu marido passou a frequentar a casa e aparecia na hora da janta, comia junto com os empregados. Nosso namoro se firmou e resolvemos nos casar.

Quando vocês se casaram?

Dona Felicidade: Nós nos casamos em outubro de 1945, logo depois do fim da II Guerra.

*Seu Manuel Bastos, Elizabeth,
Dona Felicidade com Serginho
no colo, José Carlos, Toninho
e Roberto. Ao lado, Felicidade
e Manuel, recém-casados.*

Sérgio Bastos: Quando acabou a guerra, faltava de tudo. Não tinha pão. Meu pai vendia pão como mascate, e isso a guerra também tirou dele, não tinha mais o que fazer.

Dona Felicidade: Nada foi simples e fácil em nosso casamento. Primeiro eu tive que explicar para os patrões que ia sair para casar, e eles me pediram para eu ficar mais alguns meses. Outro problema foi tratar dos papéis. Eu era portuguesa e não podia permanecer no Brasil, pois só havia trazido meu registro de nascimento. Foi um "perereco" arranjar esses documentos para casar, e eu não tinha mãe nem pai para assinar, nem nada.

O que aconteceu com seus pais?

Dona Felicidade: Meus pais, a essa altura, já não estavam aqui: tinham morrido. Minha

mãe morreu na avenida Brasil, ela caiu saindo do ônibus e bateu a cabeça na calçada. Saiu de manhã e voltou pra casa morta de noite, foi duro... Meu pai era alfaiate. Ele morreu de câncer. Teve complicações e depois "travou" tudo, morreu com 62 anos, morreu moço! Minha mãe também morreu cedo, com 45 anos. Eu era menina e, depois que meu pai e minha mãe morreram, eu e minha irmã Lurdes ficamos internadas no Asilo Bom Pastor, ali no Ipiranga, por um ano.

E como a senhora conseguiu os documentos para o casamento?

Dona Felicidade com os filhos Toninho e Serginho; abaixo, com Elizabeth.
Os filhos mantêm a tradição familiar e prosseguem com o legado de Seu Manuel.

Dona Felicidade: Eu já trabalhava para os Pereira Inácio e fui muitas vezes à delegacia, até que um dia os documentos saíram. Mas demorou muito tempo. Daí, finalmente nos casamos. Foi um momento muito difícil para nós, pois não tínhamos dinheiro, meus pais haviam falecido, meu marido também não tinha ninguém aqui, éramos apenas nós dois. Ele também não tinha família aqui. Veio com 12 anos para morar na casa de um tio, a família dele havia ficado quase toda lá em Portugal.

Como foram esses primeiros anos?

Dona Felicidade: Quando nos casamos, moramos num quarto e cozinha alugado na Vila Mariana. Então compramos um terreno no Ipiranga e alimentávamos o sonho de construir uma casa. Mas o mundo tinha acabado de sair da Segunda Guerra Mundial. Eu nunca me esqueço de que, quando eu fui fazer minha casa lá no Ipiranga, não tinha cimento, tinha racionamento. Aí um belo dia eu cheguei à casa dos Pereira Inácio e pedi ajuda para Dona Lucinda, minha antiga patroa. Ela me disse pra ir à rua 15 de Novembro, onde ficava o escritório da Votorantim, e eles forneceram todo o cimento para a construção. Foi com o auxílio deles que conseguimos construir a casa.

E depois?

Dona Felicidade: Foi nesse momento que

Dona Felicidade em sua festa de 81 anos, com a irmã Lurdes, de vestido rosa, abraçada ao marido, Toninho Daléssio. Alguns netos e netas.

o Manuel teve suas primeiras experiências no comércio, trabalhando como empregado num bar. Logo depois, em sociedade com o marido de Idalina, uma das minhas irmãs, que também se chamava Manuel, compraram um bar na região do Mercado Municipal que tinha o nome de Cascatinha. Quando o bar foi vendido, ele desfez a sociedade e comprou outro no centro da cidade, na esquina da Florêncio de Abreu com a Paula Sousa, que existe até hoje e se chama O Cruzador. Meu marido recebeu uma boa proposta e vendeu o bar em 1964. Ele já estava no Brasil há mais de 30 anos e nunca havia voltado para sua terra natal, então resolveu passar um mês em Portugal para rever a mãe. Quando ele voltou para cá, o país era outro. Os militares haviam assumido o poder. Ficamos com poucas alternativas para abrir um novo negócio. Então meu marido comprou um fusca e foi trabalhar como motorista de táxi.

Por quanto tempo seu Manuel trabalhou como taxista?

Dona Felicidade: Isso durou 3 anos, e eu continuava insistindo que devíamos abrir um negócio próprio, ligado ao comércio. Então ele vendeu o táxi e comprou uma pequena mercearia no Campo Belo. Mudamos com a família para lá e alugamos a casa do Ipiranga. No final da década de 1960, vendemos a mercearia do Campo Belo e compramos uma mercearia que ficava na esquina da avenida Pompeia com a rua André Casado. E novamente mudamos com a família. Manuel ficou um ano nesse ponto, mas não gostávamos do lugar. Eu e meu marido queríamos comprar o Bar e Mercearia Novo Sumarezinho, porque ficava num lugar mais bem localizado, exatamente duas quadras acima da esquina da avenida Pompeia com a rua Padre Agostinho Mendicute.

E como aconteceu essa negociação?

Dona Felicidade: Nós tínhamos uma casa lá no Ipiranga, né? E estava alugada, precisávamos do dinheiro para fazer essa compra, então começamos a pressionar os inquilinos a comprarem a casa ou desocuparem, né [risos],

Ao lado, os filhos: (da esquerda para a direita) José Carlos, Toninho, Roberto e Sérgio com Dona Felicidade; acima, com os netos Leonardo e Roberto.

precisávamos do dinheiro. No final, eles acabaram comprando. Tivemos muita sorte. Com o dinheiro da casa, demos a entrada no Bar e Mercearia Novo Sumarezinho, onde até hoje está o Pé Pra Fora. Nós compramos a mercearia e alugamos um apartamento que ficava na parte superior do mesmo prédio para morarmos. Ali eu consegui... Nossa, ali a gente cresceu muito como família.

Essas mudanças todas aconteceram junto com o nascimento dos seus filhos?

Dona Felicidade: Não, meus filhos eu já tinha todos.

A senhora tem quantos filhos?

Dona Felicidade: O Zé Carlos, de 1946, que já está com 68 anos. Depois nasceu o Roberto, em 1949; o Toninho, em 1952; a Beth, em 1957; e Sérgio, o caçula, em 1963.

Dos seus filhos, quais acabaram se dedicando ao ofício de trabalhar com bar e restaurante?

Dona Felicidade: De certa forma, todos trabalharam um pouquinho com o pai. Quando

tivemos o primeiro bar com a família, a gente também morava em cima, então lavar uma louça, atender no balcão, todos sempre estiveram envolvidos, fazia parte do lar. Faziam sempre alguma coisa. Mesmo quando contrariados, faziam. Meus filhos foram criados nesse ambiente e no bairro da Pompeia. Mas só o Toninho e o Sérgio seguiram na profissão.

Sérgio Bastos: Meu pai não gostava do lugar. Eu estudava bem pertinho dali. Na época, meu pai tinha uma Rural, e pelo caminho entre a mercearia e a escola ele ia dando carona aos meus colegas, ali pela rua Paris. Naquela subidaça, ele pegava toda a molecada com uniforme e acabava fazendo uma simpatia com o pessoal do bairro, se tornando o "Seu Manuel".

Como a mercearia se transformou numa lanchonete?

Dona Felicidade: Como nós morávamos no andar de cima, eu tinha por hábito levar o almoço para o meu marido. Com o passar do tempo, os fregueses passaram a perguntar se não era possível fazer um pratinho para eles também, que

25

comiam e ficavam felizes da vida. E numa conversa com meu marido sugeri que estava na hora de descer o fogão. E foi o que fizemos.

Sérgio Bastos: Lembro-me do Sr. Junqueira e do Sr. Carvalho, frequentadores e amigos de meu pai que tinham uma loja de materiais de construção ali perto. Um dia, eles ofereceram uma mesa pro meu pai, e meu pai recusou, dizendo que não havia espaço e tudo o mais. Então os dois começaram a trazer a mesa para almoçar; após a refeição, eles a levavam de volta. Até que um dia a mesa ficou. Ficou e começou a receber as pessoas. Mas um belo dia o Sr. Junqueira chegou para almoçar e a mesa, que era dele, estava ocupada. Ele ficou completamente sem jeito [risos].

Dona Felicidade: Era gente muito boa mesmo, eles ajudaram muito a gente.

Como surgiu o nome Pé Pra Fora?

Sérgio Bastos: O que havia era apenas a cozinha interna e um balcão. Aí, a turma que ia lá não tinha espaço pra ficar dentro do bar, ficava na calçada, daí se popularizou o apelido Pé Pra Fora. Nas adaptações e na mudança de razão social e foco, virou uma lanchonete, e não podia mais ser mercearia por motivos legais. Como tivemos que mudar o nome, pusemos Pé Pra Fora. A gente não fazia ideia nem tinha essa visão, pusemos o nome por ser prático.

Naquele momento havia apenas essa mesa e mais um balcãozinho com banquinhos de lanchonete, mais nada. Foi quando colocamos mesas e cadeiras na calçada. Tinha uma mesa, que era a 4, que não podia servir feijão, pois ela ficava torta por causa do aclive [risos], irregular da calçada mesmo. Fomos reformando pouco a pouco, colocamos piso, cadeiras, toldos... Nesse salão, lá fora, com a varanda, tinha certo tamanho.

Em cima, ficava o apartamento onde a gente morava e também os de outros proprietários, que tinham garagem. A única maneira de aumentar era comprando a garagem, e pra comprar a garagem tínhamos de comprar todo o apartamento. Aí a gente comprou um apartamento, depois outro e ficamos com as três garagens. Fizemos a mudança, inclusive de bujão de gás

Sérgio Bastos, Dona Felicidade e Toninho Bastos em frente ao restaurante, em caricatura de Paulo Caruso, que faz parte desta história e desta família desde a década de 1980.

Na cozinha com Helienar (à direita) e Iraci (à esquerda). Acima, prepara a sobremesa que está na página 62.

e tudo o mais. Nessa época tinha um murinho que foi ficando, e quando o rompemos aconteceu uma baita coincidência. Estávamos em 1989 e o Muro de Berlim havia caído, então brincamos muito com esse simbolismo todo e as coisas foram se ajeitando. Uísque, por exemplo: fizemos questão de oferecê-lo nas opções de bebida, coisa que era rara na época, pois era caro importar e comercializar bons uísques, somente em hotéis ou grandes restaurantes. No Pé Pra Fora, sempre prezamos por ter alguma oferta de uísques famosos. Conseguíamos ter isso em nosso boteco, coisas que na época os bares não tinham. Fomos fazendo por evolução natural das coisas, ajustando e melhorando tudo que fosse possível, e foi aí que deu aquele boom.

Como resumiriam em poucas palavras o Pé Pra Fora?

Sérgio Bastos: O Pé Pra Fora foi um aprendizado muito grande.

Dona Felicidade: Foi muito bom. A gente tinha um amigo, Arnaldo, já falecido. Ele era gerente de banco lá na Faria Lima, e eu pedi ajuda, já que ele era muito amigo, para resolver nossas dívidas. Eu chorava as pitangas para ele, que me dizia: "Fica assim, não, fala pro Seu Manoel ir ao banco, que nós daremos um jeito". Nossa, sabe aquela mão quente que ele ofereceu pra gente?

Sérgio Bastos: Porque o dinheiro era raro de se emprestar, mesmo os grandes bancos. Não tínhamos crédito, e ele abriu um empréstimo pra nós, simplesmente pela boa-fé e por acreditar na gente.

Dona Felicidade: E até hoje os rapazes que estão lá nos agradecem pelo negócio que deixamos pra ele.

Sérgio Bastos: Lá a gente já trabalhava muito, porque era uma mercearia que virou um bar, que virou lanchonete, que virou restaurante, e nada foi planejado, as coisas foram acontecendo.

Dona Felicidade: Sim, de repente começamos até a vender feijoada pra fora. Imagina, aquele lugar pequenininho!

É o efeito boca a boca...

Sérgio Bastos: Exato, o boca a boca foi determinante para nosso sucesso.

Como se deu a passagem do Pé Pra Fora para o Dona Felicidade?

Sérgio Bastos: A gente trabalhava com muito movimento. Era muito desgastante, muito apertado, tudo feito com improviso, sem projeto, mesmo a gente tentando se profissionalizar. O espaço físico não comportava o público, os equipamentos não eram os ideais, e isso foi, de certo modo, desgastando a gente. Com a morte do meu pai, decidimos que iríamos para um lugar maior, que permitisse desenvolver uma visão mais ampla do negócio e implantar todos os planos. Daí a gente veio para cá. Vendemos lá em junho de 1996, não tinha lugar pra ir, aí encontramos este lugar, viemos pra cá no mês seguinte e, em dezembro de 1996, inauguramos a casa e estamos aqui até hoje. Faremos dezoito anos no dia 10 de dezembro de 2014.

Como era esse lugar na época em que resolveram abrir um restaurante?

Sérgio Bastos: Aqui não tinha nada. Quando viemos para cá, as pessoas falavam que éramos loucos. Por causa da escassez de serviços de comércio e residências da área, a Lapa de dezoito anos atrás era um amontoado de galpões, quase não havia prédio. Era um bairro abandonado e esquecido. Quando nós viemos, quando negociávamos com os fornecedores, para ajudar a montar o negócio, os caras tiravam a gente de louco, diziam que o lugar era complicado etc. Procuramos outros lugares em Vila Madalena, Pinheiros, mas eram sempre caríssimos, pequenos e tinham todos os problemas que já tínhamos no Pé Pra Fora. Era tudo o que não queríamos. Compramos aqui por ser grande, em uma rua movimentada, e apostamos naquela tal história do sujeito conhecer o lugar de nome e atravessar a cidade somente para comer uma coxinha de algum restaurante tradicional. Pensamos: vamos apostar no que fizemos até agora e ver se as pessoas se lembram da gente. Fizemos a coisa acontecer dessa maneira – carinho, vontade e amor foram pouco a pouco trazendo aquele público que já nos conhecia do Pé Pra Fora, e também pela propaganda boca a boca. Por essa confiança na clientela, o próprio local foi mudando e, hoje, há fila na porta e você encontra gente que sai de bairros bem distantes só pra comer no nosso restaurante. Acreditamos, e já se passaram dezoito anos.

Hoje, dos restaurantes que existem neste miolo da Lapa, o primeiro a ser lembrado pelas pessoas é o Dona Felicidade.

Sérgio Bastos: Pois é, pra você ver: mesmo havendo outros tantos hoje em dia – tem até McDonald's na rua Tito [risos], quando iríamos imaginar, há dezoito anos, uma coisa dessas? Depois de muito tempo eu virei pro Toninho, meu irmão, e disse que estávamos certos.

E como é que vocês chegaram ao nome Dona Felicidade?

Sérgio Bastos: Na verdade, sentamos eu e o Toninho e decidimos apostar no nome famoso que nossa mãe tinha aqui no bairro.

Dona Felicidade: Pois é, e as pessoas realmente lembram, porque querendo ou não a gente acabava tratando as pessoas de maneira mais próxima, familiar mesmo. Quantos pequenininhos eu peguei no colo, quando vinham aqui com os pais, e que vi crescer frequentando o Pé Pra Fora e o Dona Felicidade. Alguns até só se acalmavam quando eu pegava no colo, daí paravam de chorar!

O nome também tem dois significados fortes. Um é o nome da senhora, muito conhecido. O outro é que, mesmo para aqueles que não a conhecem, fica a ideia de "felicidade" que o nome transmite.

Sérgio Bastos: Isso é verdade, até porque só depois que a gente montou aqui é que começaram a surgir várias casas com a palavra "dona" no nome. Foi aquela coisa: vamos dar que nome? E foi uma coisa engraçada. A gente mudou, conhecia um mundo de gente, e isso se perdeu, deu até um pouco de depressão com as obras, de que só víamos os pedreiros [risos]. Na verdade minha mãe até ficou meio sem jeito com a escolha. Mais tarde, quando abrimos a casa, qualquer coisa que vinha com a razão social "Dona Felicidade" pelo correio ela queria abrir [muitos risos de Dona Felicidade].

Como vocês planejaram e pensaram esta casa nova?

Sérgio Bastos: Então, eu e o Toninho, meu irmão, vimos o espaço e achamos muito legal, geograficamente falando. Minha mãe achou um pouco grande demais, ficou receosa

Dona Felicidade: É, porque era tanta porta, tanto balcão, que eu fiquei meio apavorada pensando em como é que iríamos fazer! [risos]

Dona Felicidade e seu marido, Manuel Bastos, na então Mercearia Novo Sumarezinho, na década de 1970, e ao volante da Rural Willys, na qual dava carona para a garotada.

Sérgio Bastos: Até o dia da inauguração ficamos com aquele frio na barriga.

O cardápio do restaurante é de autoria da Dona Felicidade?

Sérgio Bastos: Sim. Na verdade, boa parte dos pratos está diretamente ligada a nossa família. Minha mãe cozinhava pro meu pai e para todos os filhos, então todo almoço tinha que ser aquele almoço grande, sabe? Desde que meu pai entrou no ramo, nós temos uma série de pratos "clássicos", vamos dizer também, que é um cardápio típico do centro de cidades, e isso a gente tinha lá no Pé Pra Fora, além do arroz com feijão que minha mãe fazia e a carne que meu irmão Toninho, que tem participação fundamental na criação dos pratos, assava. Então é uma tradição urbana com um toque de família.

Dona Felicidade: Sem dúvidas!

Sérgio Bastos: A gente inclusive não convidou ninguém, a gente não pegou contato de ninguém, esqueci tudo lá no Pé Pra Fora. Foi um falando pro outro, o outro para um...

Décadas de contato e convívio...

Dona Felicidade: Eu costumo dizer que meu marido... Nossa, como ele gostava de trabalhar com bar, ele deu muita força espiritual aqui pra isso tudo ficar desse jeito, firme.

Sérgio Bastos: Desde pequeno, meu pai e minha mãe insistiam na importância do trabalho. A glorificação do trabalho foi ensinada de berço.

Dona Felicidade: E olha que meu marido simplesmente odiava me ver atrás de um balcão cozinhando. E eu teimava e insistia com ele. Imagina se não tivesse insistido?

Vocês atribuem o sucesso do Dona Felicidade à relação que vocês têm com os clientes?

Dona Felicidade: Ah, é muito amor, muito carinho...

Sérgio Bastos: Nós sempre buscamos atender os clientes como gostaríamos de ser atendidos, entende? Pessoas que criam amizades, que se não te vê quando vem aqui depois pergunta. Pais que querem decidir onde almoçar domingo e as crianças sugerem "vamos no Dona Felicidade", porque hoje criança manda, né? Tem um poder de decisão. E assim a gente conversa e brinca com todo mundo e tenta sempre fazer o melhor. Esse é o segredo.

Precisamos agora que vocês falem do Toninho Bastos, seu irmão, que não pode participar desta entrevista, mas que é um personagem determinante nesta saga.

Sérgio Bastos: Olha, meu irmão é um cara realmente irreverente, todos o conhecem por aqui desde a época do Pé Pra Fora.

Quando meu pai já tinha falecido, a gente morava na mesma casa, eu cuidava do comércio de dia e ele de noite, isso antes de ele se casar. Toninho sempre foi um cara de fazer as coisas, desde a manutenção até a preparação de pratos novos.

Não tem tempo ruim pra ele, não. Foi ele quem pilhou meu pai pra fazer a churrasqueira. Ele é o terceiro filho, exatamente o do meio. Voltando, fizemos a churrasqueira e comíamos churrasco no nosso próprio negócio. Ele, bem relacionado como é, dá aquele toque camarada na relação com os clientes.

29

Nhoque Receita para quatro pessoas

INGREDIENTES

- ◆1 kg de batata cozida
- ◆2 gemas de ovos
- ◆2 colheres (sopa) de parmesão ralado
- ◆2 colheres (sopa) de manteiga ou margarina
- ◆2 xícaras de farinha de trigo
- ◆1 colher (chá) de sal

MODO DE PREPARAR

1. Amasse as batatas depois de cozidas e frias.

2. Acrescente a manteiga, o queijo, as gemas, a farinha de trigo e o sal.

3. Misture bem para obter a massa do nhoque.

4. Faça tirinhas da massa e corte com a espátula em pedaços pequenos.

5. Cozinhe os nhoques numa panela com água fervente. Quando estiverem cozidos, eles subirão. Retire da água, escorra e coloque num recipiente com água fria e gelo. Quando retirar os nhoques do gelo e da água, deposite-os num recipiente, utilizando um pouco de óleo para eles não grudarem.

6. Sirva com
molho vermelho e
parmesão ralado.
Decore com manjericão.

Filé-mignon com alho frito

Receita para duas pessoas

INGREDIENTES

- ◆ 500 g de filé-mignon
- ◆ 1/4 de xícara de cerveja
- ◆ 2 dentes de alho picados para o tempero
- ◆ 10 dentes de alho picados para a cobertura
- ◆ Sal a gosto

MODO DE PREPARAR

Abra o filé-mignon ao meio, bata com martelo e tempere com a cerveja, o alho e o sal. Frite-o em frigideira antiaderente por aproximadamente 5 minutos.

COBERTURA DE ALHO FRITO

Esprema os dentes de alho e frite-os no óleo até dourarem. Escorra bem e coloque sobre o filé-mignon frito e ainda quente. A eventual sobra pode ser guardada por até quinze dias.

Virado à paulista

Receita para uma pessoa

INGREDIENTES

- ◆ 1 fatia de bacon
- ◆ 1 xicara de feijão cozido
- ◆ 1/4 de xícara de farinha de milho

MODO DE PREPARAR O TUTU

Frite o bacon, acrescente o feijão
e depois a farinha de milho.
Mexa por 2 minutos e retire do fogo.

COMPLEMENTOS

- ◆ 1 banana à milanesa
- ◆ 1 bisteca de porco e 1 linguiça
calabresa fritas ou assadas
- ◆ 1 fatia de torresmo frita
cortada em pedaços
- ◆ 1 ovo frito
- ◆ Couve picada e refogada no azeite
- ◆ Arroz

35

Espaguete com brócolis

Receita para três pessoas

INGREDIENTES

- ♦ 250 g de espaguete n. 7
- ♦ 3 colheres (sopa) de azeite
- ♦ 2 xícaras de brócolis picados
- ♦ 100 g de parmesão ralado
- ♦ 2 litros de água para cozinhar
- ♦ 1 pitada de bicarbonato de sódio
- ♦ Sal a gosto

MODO DE PREPARAR O MACARRÃO

1. Coloque a água para ferver.
2. Cozinhe o macarrão
na água fervente por 10 minutos.
3. Escorra o macarrão e reserve.

MODO DE PREPARAR OS BRÓCOLIS

Cozinhe os brócolis por 1 minuto em
1 litro de água fervente. Junte uma
colher (sopa) de óleo e uma pitada
de bicarbonato. Acrescente sal a gosto.
Escorra e passe na água gelada.
Corte os brócolis em pedaços pequenos.

37

MONTAGEM DO PRATO

Esquente o azeite em
temperatura média,
acrescente os brócolis e,
na sequência, o macarrão.
Misture e decore com
o parmesão ralado.

Carré de cordeiro com molho de hortelã

Receita para três pessoas

INGREDIENTES

- 1 kg de carré de cordeiro
- 1/2 xícara de folha de hortelã
- 4 colheres (sopa) de azeite
- 1 colher (sobremesa) de mostarda
- 2 dentes de alho picados
- 1 colher (sobremesa) de sal grosso

MODO DE PREPARAR O CARRÉ

Tempere a carne com alho e cerveja.
Reserve por 30 minutos.
Espalhe o sal grosso sobre a carne
apenas na hora de assar.

MODO DE ASSAR

Deixe o fogo em brasa,
mantendo a carne a 30 cm de distância.
Asse-a entre 10 e 20 minutos.
Retire o excesso de sal grosso de cima da
carne antes de servir.

MODO DE PREPARAR O MOLHO

Bata no liquidificador a hortelã,
a mostarda e o azeite.
Para acompanhar, sirva arroz, batata e farofa.

Frango a passarinho

Receita para duas pessoas

INGREDIENTES

- ◆ 1 kg de frango cortado a passarinho
- ◆ 1 litro de óleo para fritar
- ◆ 1 xícara de cheiro-verde (salsinha e cebolinha)
- ◆ 2 dentes de alho picados para o tempero
- ◆ 10 dentes de alho picados
- ◆ Sal a gosto

MODO DE PREPARAR O FRANGO

Tempere o frango com alho e sal.
Reserve por 60 minutos.

MODO DE FRITAR

Frite o frango no óleo até ficar dourado.

MODO DE PREPARAR A COBERTURA DO FRANGO

Esprema dez dentes de alho e frite-os
em óleo fervente até dourar.
Escorra e coloque sobre o frango frito ainda
quente. Decore com cheiro-verde e sirva.

Salada do Didi

Receita para duas pessoas

Apelido do funcionário que teve a ideia de montar a salada na cesta de parmesão

INGREDIENTES

- ◆200 g de parmesão ralado para a cesta
- ◆Tomate-cereja
- ◆Azeitona-preta
- ◆Mozarela de búfala
- ◆Tomate e cebola cortados em rodelas
- ◆Vagem, cenoura e brócolis cozidos
- ◆Alface, rúcula e agrião
- ◆Tomate seco
- ◆Ovo cozido
- ◆Temperos a gosto

MODO DE PREPARAR A CESTA DE PARMESÃO

1. Esquente a frigideira antiaderente em fogo baixo e coloque o queijo.

2. Espere o queijo derreter e dourar.

3. Quando o queijo estiver dourado, coloque por cima dele o recipiente que servirá como base para moldar a cesta e desligue o fogo imediatamente.

4. Usando luvas térmicas, vire a frigideira e o recipiente com muito cuidado. Deixe nessa posição por 5 minutos.

5. Retire a frigideira. Ao esfriar, o parmesão derretido endurecerá e a cesta ganhará forma.

6. Com bastante delicadeza, vire o recipiente sobre um prato e solte a cesta. Ela estará pronta para ser decorada com os ingredientes.

Picanha fatiada com bacon

Receita para duas pessoas

INGREDIENTES

- ◆ 1 kg de picanha
- ◆ 200 g de bacon picado em cubos
- ◆ 1/2 litro de óleo
- ◆ 3 colheres (sopa) de sal grosso

MODO DE ASSAR

Quando o fogo estiver em brasa,
coloque a carne para assar
a uma distância de 30 cm.
Asse até o ponto desejado e fatie.

MODO DE FRITAR O BACON

Frite o bacon em óleo fervente
até dourar. Escorra bem o excesso
de gordura e esparrame o bacon
sobre a picanha.

45

Bacalhau ao forno

Receita para quatros pessoas

46

INGREDIENTES

- ♦ 1 kg de bacalhau
- ♦ 1 kg de batata
- ♦ 1 pimentão verde
- ♦ 1 pimentão vermelho
- ♦ 1 pimentão amarelo
- ♦ 1 tomate
- ♦ 1 cebola
- ♦ 3 xícaras de azeite
- ♦ Azeitonas e ovos para decoração

MODO DE PREPARAR

1. Para tirar o sal do bacalhau, deixe-o de molho por 24 horas e troque a água quatro vezes. Corte em pedaços, cozinhe, tire a pele e os espinhos.

2. Cozinhe as batatas sem a casca.

3. Corte os pimentões, a cebola e o tomate em rodelas bem finas.

4. Desfie o bacalhau.

47

5. Corte as batatas em rodelas.

6. Para o molho que será a cobertura, frite os pimentões, a cebola e, por último, os tomates no azeite em temperatura média.

7. Forre um recipiente primeiro com uma camada de batatas, depois com uma de bacalhau e, por último, com uma camada de batatas.

8. Aos poucos, esparrame a cobertura de maneira uniforme sobre as três camadas e leve ao forno por aproximadamente 30 minutos.

9. Quando o bacalhau estiver assado, decore-o com ovos e azeitonas. Sirva-o com arroz branco.

Rabada com polenta

Receita para quatros pessoas

INGREDIENTES

- ◆ 1 kg de rabada
- ◆ 1 cebola
- ◆ 1 tomate
- ◆ Pimenta-do-reino a gosto
- ◆ 1 talo de salsão
- ◆ Agrião
- ◆ 1 talo de alho-poró
- ◆ 1 pimentão verde
- ◆ 1 pimentão vermelho
- ◆ 1 pimentão amarelo
- ◆ 1 colher (sopa) de óleo

MODO DE PREPARAR A RABADA

1. Lave a rabada em água quente.
2. Refogue no óleo a cebola, o alho e o salsão.
3. Cozinhe a rabada na panela de pressão
por 45 minutos. Abra e verifique se está no ponto.

MODO DE PREPARAR O MOLHO

Refogue no caldo da rabada a cebola, o tomate e
os pimentões cortados em rodelas.

MONTAGEM

Acrescente o molho à rabada. Sirva polenta, agrião
e batata como acompanhamentos.

51

Bife Ancho Vejinha

Receita para duas pessoas

O prato ganhou esse nome no cardápio quando sua foto foi publicada na *Veja São Paulo*. A partir daí, os clientes passaram a pedir o prato que havia saído na revista.

INGREDIENTES
- ◆ 400 g de bife ancho
- ◆ 1 colher (sopa) de sal grosso

MODO DE ASSAR
Distribua o sal sobre a carne.
Deixe o fogo em brasa e mantenha a carne a uma distância de 30 cm.
Deixe na grelha entre 10 e 20 minutos.
Retire o excesso de sal grosso de cima da carne antes de servir.

Sirva o bife acompanhado de arroz, feijão e batata frita.

53

Salmão com legumes e alcaparras

Receita para duas pessoas

INGREDIENTES

- ◆400 g de filé de salmão
- ◆1 pitada de pimenta-do-reino
- ◆Sal a gosto
- ◆1 limão
- ◆Cenoura
- ◆Brócolis
- ◆Vagem
- ◆Batata
- ◆Salsinha
- ◆Alcaparras

MODO DE PREPARAR

1. Tempere o salmão com limão, pimenta e sal. Reserve por 30 minutos.
2. Cozinhe no vapor a vagem, a cenoura e os brócolis.
3. Cozinhe a batata puxada na manteiga com a salsinha.
4. Deixe as alcaparras alguns minutos fora da conserva para retirar o excesso de sal.
5. Frite o salmão em frigideira antiaderente e decore com as alcaparras.

Espaguete à parisiense

Receita para duas pessoas

INGREDIENTES

- 250 g de espaguete n. 7
- 2 litros de água
- 1 colher (sobremesa) de sal
- 2 colheres (sopa) de óleo
- 1 xícara de molho branco
- 1 xícara de creme de leite
- 100 g de presunto picado
- 100 g de ervilhas
- 100 g de mozarela picada
- 100 g de queijo parmesão ralado

MODO DE PREPARAR O MACARRÃO

1. Coloque a água para ferver, com o sal e o óleo.
2. Cozinhe o macarrão na água fervida por 10 minutos.
3. Escorra e reserve.

MODO DE PREPARAR O MOLHO

1. Coloque para cozinhar o leite, o molho branco, o creme de leite e a mozarela.

2. Acrescente o presunto, metade do parmesão e as ervilhas. Assim que o queijo derreter, o molho estará pronto.

MONTAGEM

Coloque o macarrão numa travessa, acrescente o molho e misture bem.
Cubra a receita com o restante do parmesão ralado e leve ao forno para gratinar.

57

Empadinha

Receita para quatro pessoas

INGREDIENTES DA MASSA

- ♦ 1/2 kg farinha de trigo
- ♦ 125 g de manteiga
- ♦ 125 g de banha
- ♦ 2 gemas de ovo
- ♦ 2 colheres (sopa) de leite
- ♦ 1 pitada de sal

INGREDIENTES DO RECHEIO

- ♦ 1 colher (sopa) de azeite
- ♦ 1 cebola picada
- ♦ 2 dentes de alho
- ♦ 6 azeitonas sem caroço picadas
- ♦ 1 xícara de palmito picado
- ♦ 1 xícara de leite
- ♦ 1 colher (sopa) de maisena
- ♦ 250 g de camarão miúdo

MODO DE PREPARAR O RECHEIO

Refogue no azeite o alho, a cebola e as azeitonas. Acrescente o palmito e a maisena dissolvida no leite e, por último, acrescente o camarão e sal a gosto.

MODO DE PREPARAR A MASSA

1. Coloque numa vasilha a manteiga, a banha, as gemas, o leite e o sal. Acrescente a farinha aos poucos até dar ponto. Com essa massa, prepare 25 bolinhas médias e forre as forminhas.

2. Coloque o recheio e feche as empadinhas com a massa restante. Pincele com as gemas e leve ao forno em temperatura média até dourar.

Bolinho de bacalhau

Receita para quatro pessoas

INGREDIENTES

- 1 kg de batata
- 1 kg de bacalhau
- 2 gemas de ovo
- 2 colheres (sopa) de salsinha e cebolinha
- 1 litro de óleo

MODO DE PREPARAR

1. Cozinhe as batatas, passe-as no espremedor e reserve.
2. Cozinhe e desfie muito bem o bacalhau, escorrendo toda a água.
3. Quando a massa de batata e o bacalhau estiverem frios, misture-os às gemas de ovos, acrescente o tempero e faça a massa do bolinho.
4. Enrole os bolinhos e frite-os em óleo em temperatura alta. Tire-os quando estiverem dourados.

60

Foguetinho

Receita para duas pessoas

INGREDIENTES

- ♦ 200 g de cebolinha em conserva
- ♦ 1 colher (sopa) de azeite
- ♦ Pimenta-calabresa moída a gosto

MODO DE PREPARAR

Coloque os ingredientes numa
travessa e misture bem.
Reserve por 30 minutos e sirva.

*Obs.: quanto mais curtido,
mais ardido fica o fogeitinho.*

Manezinho Araújo

Receita para oito pessoas

INGREDIENTE
para a base

- 12 bananas-nanicas
- 1 xícara de açúcar
- 1 pedaço pequeno de canela em pau
- 5 cravos-da-índia
- 1/2 xícara de suco de laranja

INGREDIENTES
para o creme

- 4 gemas de ovo
- 1 lata de leite condensado
- 1/2 litro de leite
- 3 colheres (sopa) de maisena
- 5 gotas de essência de baunilha

INGREDIENTES
para a cobertura

- 4 claras de ovos batidas em neve
- 8 colheres (sopa) de açúcar

Esta receita, indicada por José Nêumanne Pinto à Dona Felicidade, tem este nome porque, segundo o jornalista, teria sido criada pelo cantor, compositor, jornalista e pintor pernambucano Manoel Pereira de Araújo, que não satisfeito com seus grandes talentos artísticos era também cozinheiro e teve um restaurante durante anos.

MODO DE PREPARAR

1. Faça uma calda com o açúcar e a água, e nela cozinhe as bananas com o caldo de laranja, a canela e os cravos até amolecerem. Forre o fundo de uma travessa com essa calda.

2. Dissolva no leite as gemas, o leite condensado e a maisena. Leve-os ao fogo até ficarem em ponto de creme. Acrescente a baunilha e cubra as bananas com esse creme.

 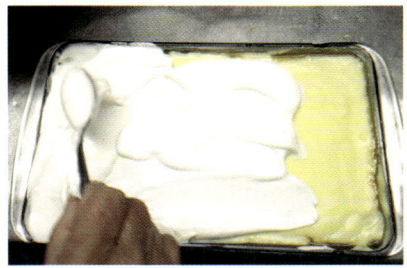 

3. Bata as claras, acrescentando o açúcar aos poucos.
Distribua as claras em neve sobre o recheio e leve ao forno para gratinar.

Impressão e Acabamento:

EXPRESSÃO & ARTE
GRÁFICA
Fones: (11) 3951-5240 / 3951-5188
E-mail: atendimento@expressaoearte.com
www.expressaoearteeditora.com.br